Mia & Tiago

– CUARTO LIBRO –

LA SUPER PREGUNTA

ESCRITO POR
Gosia Glinska

ILUSTRACIONES DE
Tomasz Pląskowski

Presentado por The LendingTree Foundation

Dirección: Saras Sarasvathy y Gosia Glinska de la Universidad de Virginia
de la Escuela de Negocios Darden, Kimberly Gorsuch de Weeva, y Todd
Lauer de LendingTree, LLC y April Whitlock de la Fundación LendingTree.

ISBN 978-1-951317-84-3

Escrito por Gosia Glinska a partir de la obra de Saras Sarasvathy.
Traducido por Patricia Cabero Tapia

Ilustraciones de Tomasz Pląskowski
Diseño del libro: Weeva, Inc.

Publicado en los Estados Unidos por Weeva, Inc.
Impreso en China

bookstore.weeva.com
hello@weeva.com
www.MiaTiagoBooks.com

Para ustedes, fundadores del futuro, y el mundo que ustedes forjarán.

Cuando Tiago tenía diez años, en un campamento de verano un chico apostó 20 dólares a que Tiago no tendría el valor para comer gusanos fritos. Tiago aceptó la apuesta.

Los gusanos eran asquerosos, pero Tiago fingió que le encantaban.

"¡Estas patatas fritas enrolladas son increíbles!", dijo mientras se llenaba la cara de gusanos. Tiago ganó 20 dólares. También demostró que no tenía miedo.

Los otros niños aplaudieron. Algunos exclamaron: "¡Respeto!", lo que se sintió incluso mejor que ganar el dinero.

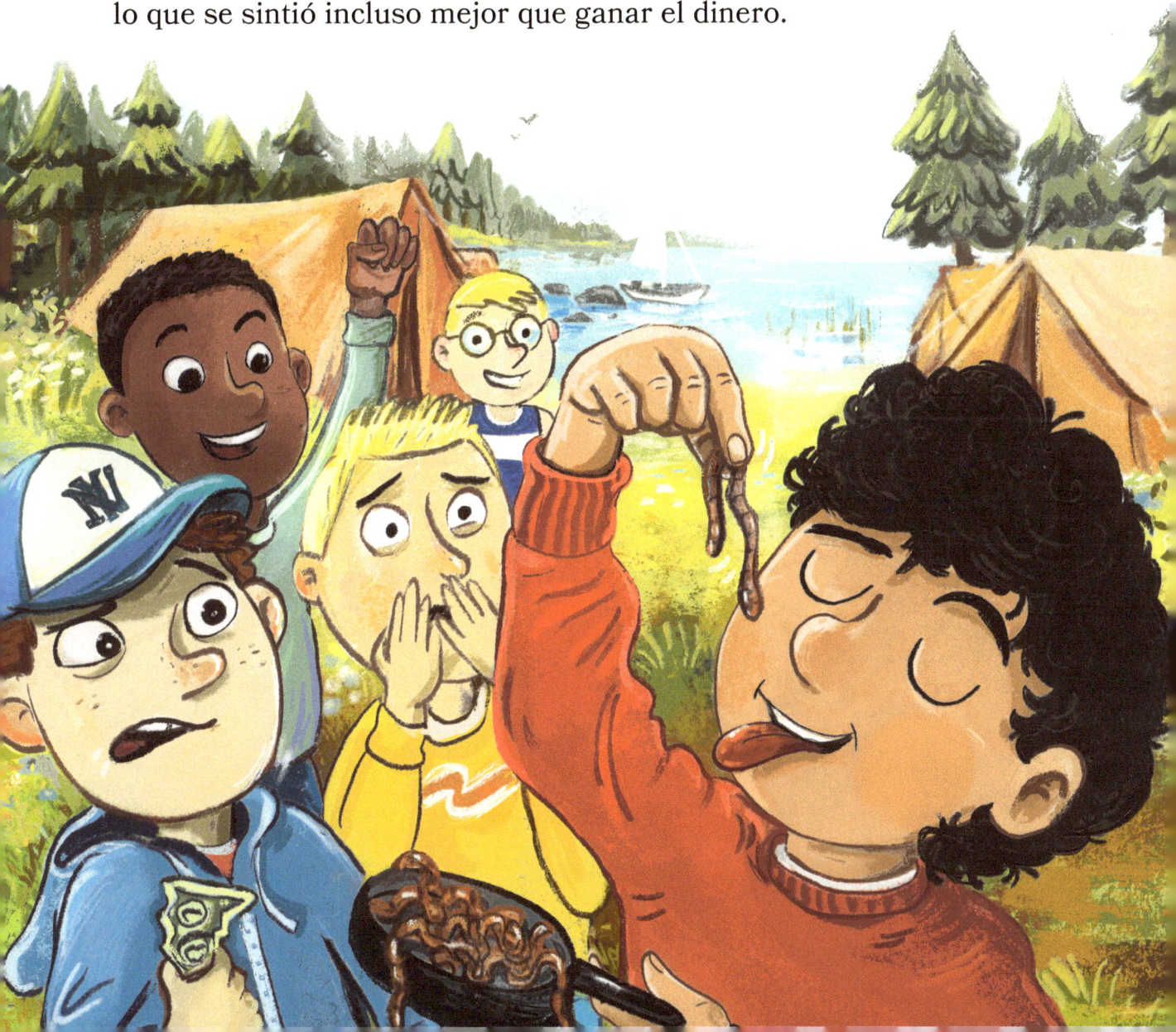

Pero ahora que Tiago era un emprendedor, él necesitaba otro tipo de coraje. Necesitaba valor para hablar con el señor Horton, el propietario de Horton's Hardware.

Y no sólo hablar. Tiago tenía que PREGUNTAR al señor Horton por un montón de material de jardinería. Tiago habría preferido comerse un cubo de gusanitos fritos antes que pedirle cosas gratis al señor Horton.

Tiago y sus amigas Mia y Kiara necesitaban suministros para construir el Jardín de los Frijoles Mágicos, su nueva empresa. Tiago necesitaba especialmente una podadora, que costaba 149 dólares.

Pero sólo tenían 28 dólares y algunas monedas. Lo único que podían permitirse comprar era un mísero rastrillo de jardinería. ¿Cómo iban a poder deshierbar todas las malezas de un jardín con un rastrillo?

Si Tiago no lograba convencer al señor Horton de que le ayudase, el Jardín de los Frijoles Mágicos no existiría. Sin el Jardín de los Frijoles Mágicos, Tiago y sus amigos no podrían competir en el concurso de Moonshots del colegio.

Otros niños ganarían un vuelo en el cohete JúpiterUno.

Tiago no podía permitirlo.

Él preferiría comerse una rata frita. Pero un roedor frito no estaba en el menú.

Tiago se rascó la cabeza. Había mucho en juego. Había poco dinero.

Lo más inteligente era preguntar.

Mia y Kiara se habían ofrecido a ir a ver el señor Horton con Tiago, pero él sabía que tenía que hacerlo solo. Quería impresionarlas. Más aún, quería probarse a sí mismo que tenía lo que se necesita para ser un emprendedor.

"Si fracaso en esto, seré un fracaso cósmico total", pensó Tiago. "¡Y mi vida como emprendedor se habrá acabado".

El sábado por la mañana, Tiago fue a la calle de Horton's Hardware.

Fue directamente a la parte trasera de la tienda, donde estaba el despacho del señor Horton. A través de la puerta entreabierta, Tiago vio al señor Horton en su escritorio.

Por un momento, Tiago estuvo a punto de perder los nervios, pero respiró profundo y se dijo a sí mismo: "¡Activa el MODO DE PREGUNTA!".

"Hola, hola", dijo el señor Horton. "¿Qué te trae por aquí?"

"Señor Horton", dijo Tiago. "Mis amigos y yo estamos montando un huerto en el barrio. Queremos cultivar frutas y verduras frescas, pero no tenemos dinero...".

El señor Horton interrumpió: "Puedo darles tierra para el huerto y algunas plantas de tomates".

"Uf, esto ha sido fácil", pensó Tiago.

"¡Gracias, señor Horton! Pero, ¿sabe qué nos ayudaría de verdad? Una podadora. ¿Podría prestarnos una?".

"No puedo", dijo el señor Horton.

"¿Por qué no?"

"Una podadora no es un juguete", dijo el señor Horton. "Puedes hacerte daño si no sabes usarla. Pero podría prestársela a tus padres".

Acababa de conseguir la herramienta eléctrica de sus sueños: ¡una podadora para las malas hierbas!

"¡Tomen eso, maleza!", dijo en voz alta. "¡Tienen los días contados!"

Tiago les contó la historia a Mia y Kiara: "Mi padre me llevó a la tienda de Horton en su camioneta y la cargamos con sacos de tierra de jardín y plantas de tomates. El señor Horton dijo que podíamos quedarnos la podadora mientras la necesitáramos".

"Vaya", dijo Mia. "¡Has salvado por completo el Jardín de los Frijoles Mágicos!".

"¡Ahora puedo pedir cualquier cosa!" dijo Tiago. "¡Preguntar es mi nuevo superpoder!".

"Sigue así", dijo Kiara. "Tenemos que empezar a construir esas jardineras elevadas. Rápido".

"Alguien está construyendo una casa nueva en mi calle", dijo Tiago. "He visto un montón de restos de madera y tablas de pino ahí tiradas. Ya estoy deseando activar el MODO DE PREGUNTA".

Si preguntar era el nuevo superpoder de Tiago, él debió haberlo perdido.

Los obreros de la obra dijeron NO y se marcharon. Tiago, Mia y Kiara preguntaron a todos sus conocidos, pero lo único que obtuvieron fueron más NOs.

Incluso fueron en bicicleta a un aserradero.
Y los echaron de ahí.

Tras horas preguntando, Tiago se enfadó. Luego se puso triste.

"¿Cómo es que nadie quiere ayudarnos?". pensó Tiago. "¿Qué pasa con la gente?"

Incluso estaba enfadado con águila Edison. "Sus consejos apestan", pensó Tiago."¿No dice que es un super pájaro mágico que ayuda a los niños a apuntar a la luna? ¡Apunta a mi trasero!".

Cuando águila Edison apareció en el patio trasero de Tiago, éste seguía
enfadado.

"La mayoría de las veces, esto de preguntar no funciona", le dijo a Edison.

"Seguro que ningún empresario famoso ha tenido que pedir cosas a la
gente".

Edison inclinó la cabeza hacia un lado. "Sabes quién es Steve Jobs, ¿verdad?".

"¡Por supuesto!" dijo Mia. "Aprendimos todo sobre él en el colegio. Fundó Apple en el cochera de sus padres".

"Apple fabrica ordenadores Mac, iPhones y iPads", dijo Kiara.

"Sabemos mucho sobre Steve Jobs", replicó Tiago. "¡Es uno de los empresarios más famosos del mundo!".

"Puede que sí", dijo Edison. "¿Pero conocéis su gran secreto?".

"¿Qué secreto?", dijeron Tiago, Mia y Kiara.

"Ki-ki-ki-ki-ki-ker", dijo Edison, batiendo las alas. "Déjenme que les cuente un cuento".

La historia de dos preguntones

Steve Jobs era muy inteligente. Pero ¿sabías que también era un ávido preguntón? Cuando necesitaba algo, no tenía miedo de pedirlo. Steve no habría cumplido su sueño de fundar su propia empresa si no hubiera preguntado.

Incluso llegó a decir: "La mayoría de la gente nunca pregunta. Y eso es lo que a veces separa a la gente que HACE COSAS de la que sólo las SUEÑA".

Cuando tenía 12 años, mucho antes de fundar su empresa, Steve ya era un aficionado a la tecnología y construía todo tipo de aparatitos. Una vez necesitaba piezas para un proyecto. Sabía que se fabricaban cerca de donde vivía, en la Hewlett-Packard Company de Palo Alto, California.

¿Adivina qué hizo?

Tomó una guía telefónica y buscó a Bill Hewlett, fundador de Hewlett-Packard.

Aunque Steve no conocía al señor Hewlett, le llamó de todos modos. Hewlett contestó al teléfono y, tras una conversación de 20 minutos, prometió a Steve las piezas. También le ofreció un trabajo de verano en su empresa.

"¡Qué afortunado Steve!", dijo Mia. "Pero nos pasamos horas preguntando por tablas para construir jardines elevados".

"Preguntar es difícil", dice Tiago. "Y cuando te dicen que NO, duele de verdad".

"Preguntar ES difícil", dijo Edison. "Y la mayoría de los empresarios reciben un montón de NOs antes de conseguir un SÍ. Lo que importa es que no se rindan. ¿Saben qué? Les contaré otro secreto".

No puedes ser un emprendedor exitoso si no preguntas. Pero la forma de preguntar es muy importante.

Doug Lebda, fundador de LendingTree, aprendió esa lección a base de prueba y error.

Hace unos 30 años, Doug quería comprar una casa.
Pero las casas cuestan mucho dinero,
y Doug no disponía de tanto dinero.

Necesitaba pedir dinero prestado a un banco. Necesitaba obtener un préstamo. Cuando un banco te presta dinero, ese dinero no es gratis. Tienes que pagar por él.

El precio que pagas por un préstamo se llama "interés". Los bancos cobran distintos tipos de interés. También cobran todo tipo de comisiones.

Así que Doug fue a diferentes bancos en busca del préstamo más barato. No podía creer cuánto tiempo le llevó ir de banco en banco. Y al final, ni siquiera estaba seguro de haber conseguido la mejor oferta.

Doug sabía que otras personas debían de haber tenido la misma mala experiencia. Vio que había un problema, así que pensó en una solución: un sitio web en el que la gente pudiera comparar los precios de los préstamos de distintos bancos.

Buscar un préstamo bancario directamente en el ordenador: ¡qué gran idea para una nueva empresa!

Pero primero Doug necesitaba convencer a los inversionistas para que le dieran dinero para construir su empresa. Le preguntó a uno: "¿Invertirías en mi negocio?".

El inversor dijo que no. Y lo mismo hicieron muchos otros.

Entonces Doug tuvo una idea. "Después de preguntar cien veces '¿Invertirías en mi negocio?' y fracasar, cambié la pregunta", dijo. "Empecé a preguntar: '¿Qué haría falta para invertir 10 000 dólares en mi negocio?'".

Una persona le dijo lo que haría falta. El primer paso era conseguir clientes reales que empezaran a utilizar su sitio web.

En palabras de Doug: "Eso es lo que yo hice, ¡y funcionó! La pregunta: '¿Qué haría falta...?' fue clave".

Edison hizo una pausa. "Ahora ya conocen los pasos para acercarse a un SÍ", dijo.

"¡Pero hace falta mucha práctica! Y recuerden, la mayoría de los fundadores de éxito reciben muchos NO antes de que alguien diga SÍ. Además, es útil preguntar: '¿Qué haría falta?' Porque un NO, no es una respuesta posible a esta pregunta".

Aquella noche Tiago pensó en Steve y Doug y en otros emprendedores de las historias de Edison. Habían sufrido desilusiones, pero al final construyeron empresas increíbles.

"Si alguien me dice NO", pensó Tiago, "no significa que sea un fracasado. Significa que tengo que seguir preguntando".

Estaba impaciente por probar la nueva pregunta: "¿Qué haría falta para que nos ayudes a construir un huerto elevado?"

Tiago cerró los ojos. Mientras se dormía, vio al JúpiterUno.

La nave se separó de su base y salió disparada hacia arriba.Dentro de la cabina, Tiago, Mia y Kiara aplaudían.

Tiago estaba orgulloso. El equipo fundador del Jardín de los Frijoles Mágicos se elevaba hacia las estrellas.

CÓMO CONVERTIRSE EN UN SUPER PREGUNTÓN

Los emprendedores nunca dejan de preguntar. Preguntan a la gente que colabora con ellos e invierte en sus empresas. Piden consejo y ayuda. Preguntan por recursos diversos, como tiempo, dinero y conocimientos. Si quieres tener éxito como emprendedor, debes convertirte en un super preguntón. ¿Cómo? Con PRÁCTICA, PRÁCTICA Y MÁS PRÁCTICA.

La profesora Saras Sarasvathy, que estudia a emprendedores expertos, afirma que preguntar requiere práctica. Además, dice que la forma de preguntar es muy importante. Si preguntas a alguien: "¿Invertirías en mi negocio?", obtendrás un SÍ o un NO por respuesta. Y la palabra NO detiene la conversación.

Pero, si en lugar de eso haces una pregunta abierta, una pregunta que invite a la conversación, entonces: "Estás invitando a la gente a pensar y a hablar contigo sobre tu negocio", dice la profesora Sarasvathy. "Después de hablar contigo, la gente puede decidir sumarse como asesor, cliente o inversor. Así que esas preguntas iniciales son para formar alianzas".

He aquí algunos ejemplos de preguntas abiertas y eficaces para iniciar:

¿Qué haría falta para que usted...? (por ejemplo, invierta 200 dólares en mi empresa).
¿Cómo podríamos trabajar juntos para...? (por ejemplo, crear un sitio web para mi empresa).
Si tú fueras yo, ¿cómo...? (por ejemplo, venderías mi producto en Internet)
¿Cuál crees que es la mejor manera de...? (por ejemplo, promocionar mis productos en Internet)
¿Qué puedo hacer para que usted...? (por ejemplo, compre mi producto)

El profesor Sarasvathy aconseja a los futuros emprendedores que pregunten a todas las personas que conozcan. "Empieza preguntando por su trayectoria y lo que hacen, y mientras hablas con ellos, comienza a formular tu pregunta en el fondo de tu cabeza".

Pide aquello que es fácil de dar

La gente está encantada de ayudar, sobre todo cuando la petición es algo fácil de dar. Una vez, un aspirante a emprendedor pidió dinero al fundador y CEO de Lending Tree, Doug Lebda, para comprar boletos de avión. Doug le ofreció sus millas de viajero frecuente. El regalo de Doug no le costó nada: fue una pérdida aceptable para él. Para el emprendedor, sin embargo, representó una valiosa inversión en su empresa.

Pregunta a lo grande

A veces, ser audaz puede dar buenos resultados. Cuando el empresario Richard Branson estaba poniendo en marcha una aerolínea, pidió a Boeing que le prestara un avión 747. "Todos los recursos que necesites, por grandes que sean, son necesarios. Todo recurso que necesites, por grande que sea, es una pérdida aceptable para alguien, así que pregunta por ello", dice la profesora Sarasvathy.

El alto precio de no preguntar

Preguntar puede dar miedo. Pero el miedo a preguntar puede arruinar tus posibilidades de alcanzar tus sueños. Empieza por preguntar a tus amigos y familiares. Luego practica distintas formas de preguntar. Puedes empezar pidiendo cosas pequeñas, cosas que sean una pérdida aceptable para la persona a la que se lo pides. A medida que vayas mejorando, podrás pedir cosas más grandes.

¿Sabías que puedes practicar preguntando aunque no estés lanzando una empresa? Puedes hacerlo en la escuela y en casa. Supongamos que quieres un perrito y tus padres no paran de decirte que NO. La próxima vez prueba esto:

"¿Qué haría falta para que me regalasen un perrito?' ó "¿Qué tendría que ocurrir para que un perrito venga a vivir con nosotros?" ó "¿Qué se necesitaría para que yo pueda tener un perrito?"

Acerca de la Serie

Esta serie presenta a los jóvenes lectores los seis secretos del éxito de las startups. Estos secretos se basan en los principios del pensamiento empresarial y la toma de decisiones conocidos como «efectuación».

La profesora Saras D. Sarasvathy, que imparte clases de emprendimiento en la Escuela de Negocios Darden de la Universidad de Virginia, descubrió la efectuación estudiando cómo piensan y toman decisiones los emprendedores exitosos en las primeras fases del lanzamiento de nuevas empresas. En 2009, publicó sus hallazgos en el exitoso libro *Effectuation: Elements of Entrepreneurial Expertise*. En la actualidad, Sarasvathy es reconocida en todo el mundo como una de las principales autoridades en materia de emprendimiento de alto rendimiento.

Inspirada por los principios de la efectuación que se pueden enseñar y aprender, Gosia Glinska, exalumna de la UVA y becaria Jefferson de Escritura Creativa, decidió acercar esos principios a los niños a través de historias atractivas. Doug Lebda, un ávido emprendedor y graduado de Darden, se asoció con la editorial independiente Weeva y patrocinó el programa Mia & Tiago a través de la Fundación LendingTree, demostrando que el principio de efectuación de la Colcha de Aliados funciona.

La Fundación LendingTree es una organización independiente sin ánimo de lucro 501(c)(3) dedicada a ampliar las oportunidades económicas de individuos, empresas y comunidades. Los esfuerzos de la Fundación se basan en cuatro pilares fundamentales: bienestar financiero, innovación y emprendimiento, movilidad ascendente y propiedad de la vivienda. Para más información sobre la Fundación LendingTree, visite: www.lendingtreefoundation.org

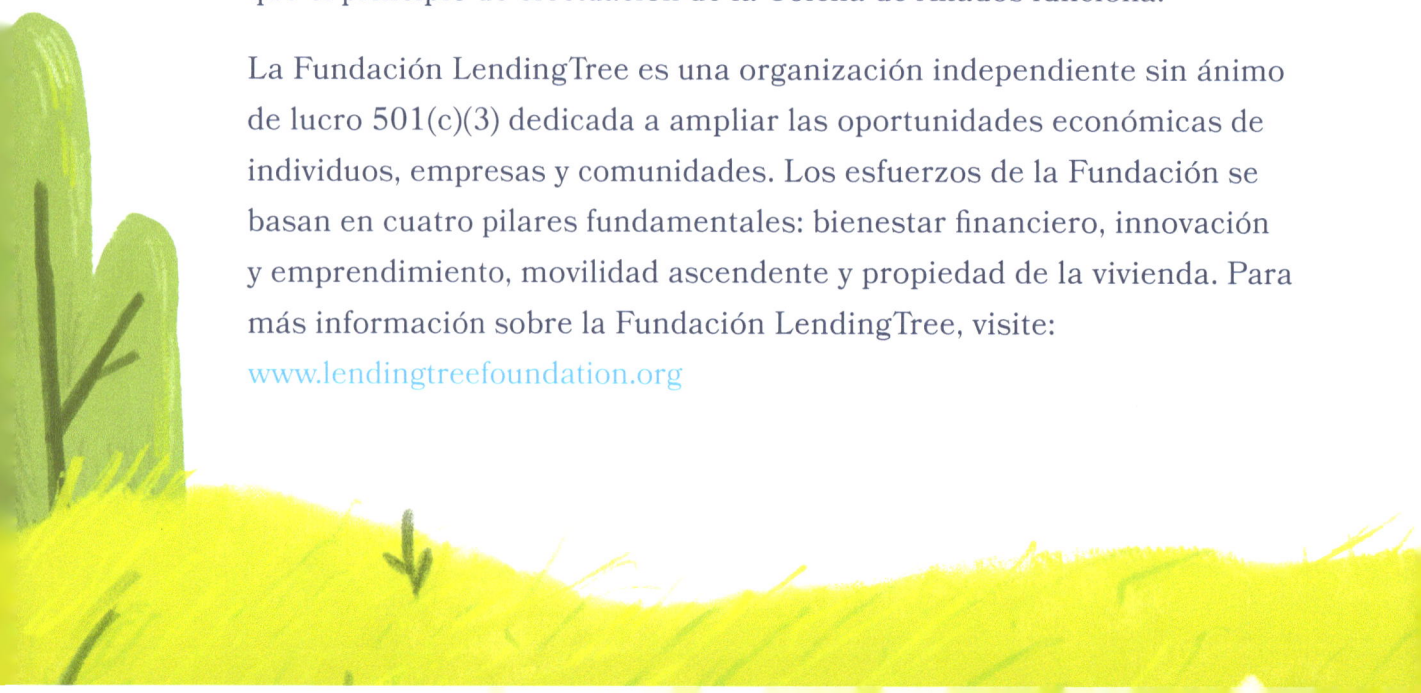

Hecho con amor en Austin, Texas

En Weeva Kids nos comprometemos a crear libros inteligentes y hermosos para los jóvenes lectores a través de nuestra narrativa, nuestras ilustraciones y nuestras colaboraciones. Con cada libro, invitamos a los jóvenes lectores a explorar las infinitas posibilidades de su imaginación, mientras aprenden las habilidades que necesitan para prosperar.

Si tienes algún comentario sobre este libro o alguna idea que quieras compartir, envíanos un correo electrónico a hello@weeva.com.
Nos encantaría conocer tu opinión.

Visita MiaTiagoBooks.com para obtener más información sobre esta serie.

Encuentra más títulos nuestros en Bookstore.Weeva.com.

weeva

Mia & Tiago

Únete a Mia y Tiago en sus aventuras empresariales mientras se esfuerzan por ganar el concurso Moonshots utilizando los seis secretos de las startups de éxito.

«¡Qué creación tan maravillosa! Gosia Glinska ha ejecutado maravillosamente una idea verdaderamente inspirada: dar vida a las enseñanzas de Saras Sarasvathy —una superestrella de los profesores de emprendimiento— en libros para niños».

— JIM COLLINS, AUTOR DE *GOOD TO GREAT*

Escanea el código para comprar la serie completa de libros, accede a material adicional gratuito y déjanos una reseña.

¡CONSIGUE LA SERIE COMPLETA!

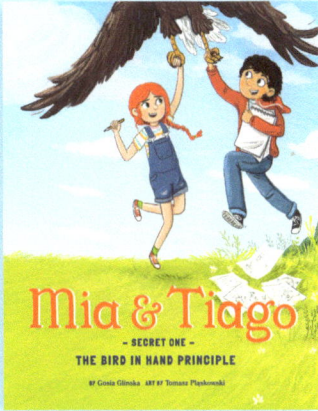

EL PRINCIPIO DEL PÁJARO EN MANO

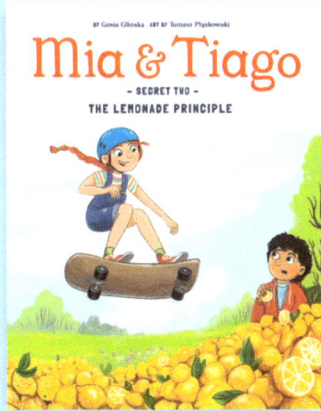

EL PRINCIPIO DE LIMONES PARA LIMONADA

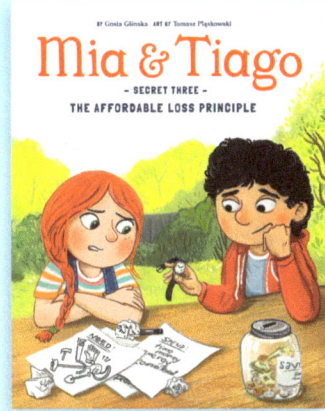

EL PRINCIPIO DE LA PÉRDIDA ACEPTABLE

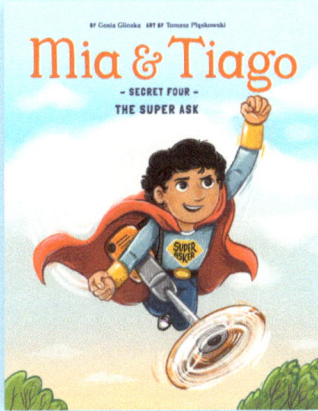

LA SUPER PREGUNTA

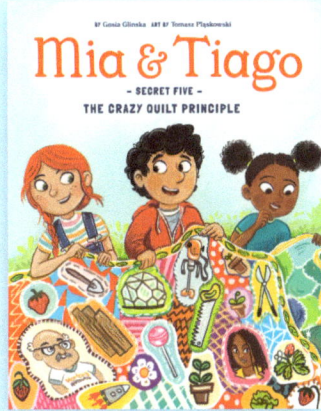

EL PRINCIPIO DEL COLCHA DE ALIADOS

EL PRINCIPIO DEL PILOTO EN EL AVIÓN

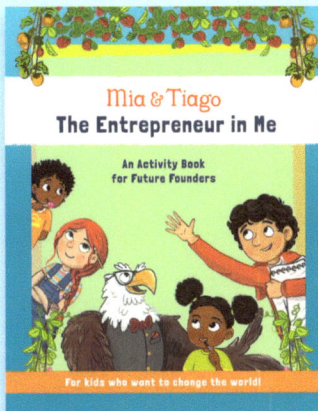

LIBRO DE ACTIVIDADES DE "EL EMPRENDEDOR EN MÍ"

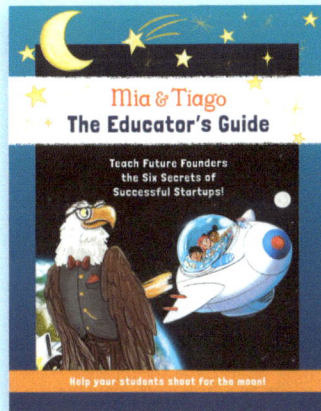

LA GUÍA DEL EDUCADOR